AF263066

SYNDICAT DU COMMERCE ET DE L'INDUSTRIE

DE LA SARTHE

PROPOSITIONS DE RÉFORMES

A la loi du 15 Juillet 1880, sur les Patentes

AVEC L'EXPOSÉ DES MOTIFS

POUR LA SUPPRESSION DE LA PATENTE DE MARCHAND FORAIN

LA SUPPRESSION DE LA FORMULE DES PATENTES

L'IMPOSITION SPÉCIALE AUX GRANDS MAGASINS

PAR

LE SYNDICAT DU COMMERCE ET DE L'INDUSTRIE

DE LA SARTHE

La transformation des affaires commerciales qui s'est opérée depuis la promulgation de la loi du 15 juillet 1880 sur les patentes, nécessite une réforme de cette loi.

La Chambre est saisie de ce projet, et nous pensons que les Syndicats du commerce et de l'industrie doivent rédiger leurs désirs, exprimer leurs réclamations pour en rendre l'étude plus prompte et plus facile.

Le Syndicat du commerce et de l'industrie de la Sarthe propose les modifications suivantes :

1° De la suppression de la patente de marchand forain

La patente de marchand forain établie actuellement d'après le *Tableau C* :

Avec voiture : 20 francs par voiture et 20 francs par collier,

Droit proportionnel au 20ᵉ ;

Avec bête de somme : 15 francs par bête de somme,

Droit proportionnel au 20ᵉ ;

Avec balle : 8 francs,

Droit proportionnel au 20ᵉ,

Doit être supprimée.

Le motif de cette suppression se fonde sur ce que le commerce des marchands forains n'est plus ce qu'il était autrefois. Certains d'entre eux ont des installations importantes, font des affaires considérables et d'autant plus productives que leur présence dans chaque localité correspond toujours avec le jour d'une foire ou d'un marché, et cela au préjudice des marchands sédentaires exerçant le même commerce et dont les charges de frais généraux consistent dans :

1° Un droit fixe d'un taux plus élevé ;

2° Un loyer souvent fort lourd ;

3° Le droit proportionnel sur le loyer ;

4° Les centimes additionnels ;

5° Les frais d'éclairage ;

6° Les employés.

L'égalité devant être établie dans les impositions donnant droit à l'exercice d'une profession, il y a lieu de décider que les marchands forains seront désormais inscrits :

1° *Au Tableau A*, et imposés au droit fixe pour la profession qu'ils exercent et eu égard à la population de la ville la plus imposée qu'ils visitent (quelle que soit leur résidence).

2° Qu'ils acquitteront le droit proportionnel conformément à la classe à laquelle ils appartiendront et sur les droits de place cumulés des localités qu'il visitent dans l'année (ce qui constitue exactement leur loyer annuel).

3° Qu'ils paieront les centimes additionnels au profit de la commune où ils résident, sur la valeur de leurs impositions.

4° Qu'à cet effet tout marchand nomade soit tenu de déclarer deux mois avant le premier janvier de chaque année, à l'administration des Contributions directes, le chiffre de sa location annuelle. En cas de contravention à cette disposition : amende de cent à mille francs.

L'amende existant en matière de Contributions indirectes, ne pourrait-on pas l'appliquer également aux fraudes relevées au préjudice de l'administration des Contributions directes ?

Pour établir les contraventions, les Directeurs des Contributions directes recevraient tous les trois mois, par les soins de la gendarmerie, un état des marchands nomades ayant déballé dans chacune des localités. Cette pièce indiquerait l'importance de la location consentie, soit par la Ville, soit par l'adjudicataire ; elle pourrait être disposée comme le tableau ci-contre.

DÉPARTEMENT
DE LA SARTHE

ARRONDISSEMENT
DE MAMERS

CANTON
DE
LA FERTÉ - BERNARD

TABLEAU DES DROITS DE LOCATION

Payés dans la commune d ....

Pendant le ....*trimestre de 18* ....

NOM et PRÉNOMS	RÉSIDENCE	PROFESSION	MOIS	SOMMES PAYÉES (1)						LIEU où LA PATENTE a été DÉLIVRÉE
				F.	F.	F.	F.	F.	F.	
Grosclaude Anatole-Louis	Conlie rue Verte, 3	Marchand de Nouveautés	Janvier...	4	4	4	«	»	12	Le Mans
			Février...	3	4	3	4	»	14	
			Mars	4	4	4	4	»	16	
			TOTAL du trimestre.....						42	
Dubois Jean - Pierre	Mamers rue Neuve, 43	Marchand de Poterie	Janvier...	1	1	2	2	»	6	Alençon
			Février...	2	2	2	2	»	8	
			Mars	1	3	2	3	»	9	
			TOTAL du trimestre.....						23	
Leblond Ferdinand-Jules	Le Mans rue du Pré, 7	Chapelier	Janvier...	3	3	3	3	»	12	Le Mans
			Février...	2	2	3	»	»	7	
			Mars	3	3	3	4	»	13	
			TOTAL du trimestre.....						32	

Certifié par le

(1) Inscrire dans chacune des divisions le prix payé chaque semaine, par le patentable, pour la location de son emplacement sur la place publique.

Cet état, ainsi dressé, servirait de moyen régulier de vérification des déclarations et permettrait d'établir exactement *l'impôt proportionnel* et celui *des centimes additionnels.*

La patente de marchand nomade ne serait délivrée que sur la constatation du versement de six mois de contributions entre les mains du Percepteur, et dans le cas où le contribuable justifierait d'un domicile personnel.

Le marchand nomade n'habitant pas un domicile personnel imposable, mais occupant une chambre garnie ou tout autre genre d'habitation (voitures, etc.), n'obtiendrait la remise de sa patente qu'après versement d'une année entière de contributions.

Cette mesure évitera la fraude commise actuellement par des marchands sans domicile réel, se faisant adresser l'avertissement dans un hôtel où ils sont inconnus et qu'ils ont quitté après s'être fait délivrer leur patente. Tout marchand nomade qui se serait installé dans un magasin dont la location n'aurait pas une durée de six mois au moins (enregistrée conformément à la loi), rentrerait dans la catégorie du marchand s'installant sur la voie publique et serait assujetti au contrôle par la gendarmerie.

Le déballeur s'installant ailleurs que sur la voie publique échappe actuellement à ce contrôle. Ce genre de location ne pourrait être considéré comme un domicile personnel légal, puisqu'il est utilisé seulement pour le commerce nomade du marchand qui l'habite.

Est-il excessif d'exiger la déclaration par le patenté, du chiffre de ses locations annuelles, et de le frapper d'amende en cas de fraude ? Non ; car on peut affirmer que l'obligation est la même que celle à laquelle sont tenus les propriétaires ou locataires sédentaires relativement à leurs locations soit verbales soit par bail. La loi n'impose-t-elle pas des doubles ou triples taxes pour déclarations irrégulières de chevaux, voitures, chiens, billards, cercles, etc.

De l'utilité de ces déclarations pour le fisc. — L'État bénéficiera des taxes qui lui échappent actuellement et que nous proposons d'établir sur la patente du nomade (droit proportionnel, centimes additionnels).

L'enregistrement que nous proposons d'établir sur les locations de droits de place devant se faire conformément à la loi, il existera de ce côté un avantage pour le fisc.

De la suppression de la formule

La formule sera supprimée.

Le motif est son inutilité, puisqu'elle fait double emploi avec l'avertissement et qu'elle peut être une cause de préjudice pour le Trésor, en favorisant la fraude.

Il est en effet possible de fournir une double attestation d'inscription à la patente en présentant dans deux localités différentes, *le même jour*, l'une et l'autre des deux pièces : la *formule* et *l'avertissement*.

Un *duplicata* utilisé dans les mêmes conditions, procurerait un nouveau moyen de fraude.

Nous réclamons donc la suppression de la formule ; tout marchand qui aura perdu sa patente, ne pouvant s'en procurer une nouvelle qu'en acquittant à nouveau la taxe du *droit fixe*.

Il en est ainsi actuellement pour le permis de chasse.

De l'imposition des grands magasins

La transformation des affaires a provoqué la création d'immenses magasins, véritables bazars où sont réunies toutes les espèces de marchandises, et cette innovation, en créant le monopole, a considérablement nui aux spécialités et porté atteinte, à Paris, à la location des propriétés destinées au commerce ; elle ne se fait pas sentir moins cruellement dans la province, par la concurrence qui lui est faite.

Pour ces motifs, nous proposons une modification au tableau A, dans le but d'établir une classe spéciale aux magasins contenant des rayons de marchandises d'espèces diverses et occupant plus de 50 employés.

La taxe du droit fixe, actuellement de 100 francs, serait portée à un chiffre cinq fois plus fort que celui établi au tableau de sa classe au commerce le plus imposé ; par suite la taxe actuelle de 100 francs serait portée à.......................... 500 fr.

Le droit proportionnel au 5ᵉ, sur la location, au lieu du 10ᵉ.

Sur un loyer de 500.000 francs, une taxe de..................... 100.000 fr.

Et les centimes additionnels à ajouter suivant la localité.

Et enfin une imposition graduelle pour les employés par groupes, conformément au tableau ci-dessous dont l'application serait générale à tous les commerces.

De	1 à	10 employés	pas de taxe	» fr.
	11 à	25 —	5 fr.	75
	26 à	50 —	10	250
	51 à	75 —	25	625
	76 à	100 —	50	1.200
	101 à	150 —	100	5.000
	151 à	200 —	200	10.000
	201 à	300 —	300	30.000
	301 à	400 —	400	40.000
	401 à	500 —	500	50.000
	501 à	1.000 —	600	300.000
	1.001 à	2.000 —	700	700.000
	2.001 à	3.000 —	800	800.000

	1.937.150 fr.
Droit fixe..........	500
Proportionnel au 5ᵉ	100.000
	2.037.650 fr.

Les centimes additionnels à ajouter suivant la localité.

Cette combinaison détruirait le procédé actuel, qui n'applique la taxe sur les employés qu'à certaines professions et donne lieu à des interprétations singulières et contradictoires.

Ainsi le marchand de nouveautés qui vend des tissus, des dentelles, des fourrures, du blanc, des parapluies *est imposé pour ses employés.*

Le quincaillier qui vend de la pointe, des vis, des outils, des établis de menuisier, des articles pour le charron ou l'ébéniste, *échappe à cette règle.*

Ce système d'impôt basé sur le nombre du personnel, répond bien mieux à *l'importance des affaires.*

Il aurait de plus l'avantage d'être plus pratique que celui qui consiste à imposer le patenté pour chacune des professions exercées dans un rayon séparé, et le produit de cette combinaison, si on fait la comparaison avec les taxes actuelles, procurerait au Trésor un avantage très considérable.

Le tableau ci-dessous en établira la preuve.

A Paris, le droit fixe est de .... 100 fr.

Plus 25 francs par employé au-dessus du nombre 10.

110 employés (comptés pour 100) seraient imposés de............ 2.500

Une maison ayant 410 employés paierait, pour 300 de plus, 300×25. 7.500

Droit proportionnel au 10ᵉ sur 100.000....................... 10.000

Total 20.100 fr.

Ainsi une maison de commerce de nouveautés en détail faisant 12 genres d'articles, ayant un loyer de 100.000 fr. et 410 employés, est donc imposée à 20.100 fr.

Voyons maintenant le résultat pris, sous une autre forme d'imposition, pour le même patentable exerçant les 12 commerces suivants.

		DROIT FIXE	DROIT PROP.
Chaussures.	4ᵉ classe	75	au 30ᵉ
Vêtements.		100	au 10ᵉ plus 25 fr. par employé au-dessus de 10.
Chapellerie.	5ᵉ classe	50	au 30ᵉ
Literie.	3ᵉ classe	140	au 20ᵉ
Nouveautés.		100	au 10ᵉ plus 25 fr. par employé au-dessus de 10.
Parapluies.	6ᵉ classe	40	au 30ᵉ
Modes.	3ᵉ classe	140	au 20ᵉ
Ferblanterie.	6ᵉ classe	40	au 30ᵉ
Tapisserie.	3ᵉ classe	140	au 20ᵉ
Coffretier.	5ᵉ classe	50	au 30ᵉ
Verrerie, Crist.	5ᵉ classe	50	au 30ᵉ
Passementerie	5ᵉ classe	50	au 30ᵉ
		975	290

Le droit proportionnel des 12 professions réunies donnera une moyenne du 24ᵉ : Soit 290 : 12 = 24.

Le droit fixe sera.. 975 fr. »

Le droit proportionel au 24ᵉ sur 100,000 francs de loyer, sera de....... 4.166 65.

Plus l'impôt sur 68 employés à 25 francs........................... 1.700 »

6.841 fr. 65

Si on compte 410 employés pour 12 commerces divers, soit 410 : 12, chaque spécialité imposable sur le nombre d'employés donne une moyenne de 34 employés ; par suite, deux commerces imposables sur le nombre d'employés produisent, d'après cet exposé, $34 \times 2 = 68$ employés, comme il résulte de la comparaison des deux opérations ci-dessus, qui établissent que pour une maison exploitant douze spécialités différentes, deux seulement sont taxées pour les employés, alors que dix sont exonérées ; la première présentant un total de 20.000 fr. tandis que dans le second cas on n'obtient que 6.841 fr. 65 ; et alors le produit pour le Trésor s'élèverait à une somme trois fois plus élevée.

Le *Monopole* serait donc frappé ; le *Commerce de spécialité*, protégé ; et la propriété, dont la valeur est compromise par *l'extension du Monopole*, retrouverait des garanties qu'il est sage de lui assurer, dans *l'intérêt général*.

APPENDICE

Texte de la loi du 15 juillet 1880 sur les patentes

CHAPITRE XII

ARTICLE PREMIER

Tout individu, français ou étranger, qui exerce en France un commerce, une industrie, une profession, non compris dans les exceptions déterminées par la présente loi, est assujetti à la contribution des patentes.

ART. 2

La contribution des patentes se compose d'un droit fixe et d'un droit proportionnel.

ART. 3

Le droit fixe est réglé conformément aux tableaux A, B, C, annexés à la présente loi.

Il est établi :

Eu égard à la population et d'après un tarif général, pour les industries et professions énumérées dans le tableau A ;

Eu égard à la population et d'après un tarif général, pour les industries et professions portées dans le tableau B ;

Sans avoir égard à la population, pour celles qui font l'objet du tableau C.

ART. 4

Les commerces, industries et professions non dénommés dans ces tableaux n'en sont pas moins assujettis à la patente. Les droits auxquels ils doivent être soumis sont réglés d'après l'analogie des opérations ou des objets de commerce par un arrêté spécial du préfet, rendu sur la proposition du directeur des contributions directes, et après avoir pris l'avis du maire.

Tous les cinq ans, des tableaux additionnels contenant nomenclature des commerces, industries et professions classés par voie d'assimilation, depuis trois années au moins, seront soumis à la sanction législative.

ART. 5

Pour les professions dont le droit fixe varie en raison de la population du lieu où elles sont exercées, les tarifs seront appliqués d'après la population qui aura été déterminée par le dernier décret de dénombrement.

MODIFICATIONS

Proposées à la loi du 15 juillet 1830 sur les patentes

Les articles en regard desquels il n'est pas fait *d'observations sont conservés, les modifications sont indiquées en italique.*

CHAPITRE XII

ARTICLE PREMIER

ART. 2

ART. 3

Article conservé.

A la composition du tableau A de la population des communes nous proposons d'établir une division de plus, de 50,001 à 75,000 et de 75,001 à 100,000 en observant l'augmentation du tiers sur la valeur de la taxe,

De 50,001 à 75,000	De 30,001 à 50,000	De 20,001 à 30,000
1re classe : 200 fr.	160 fr.	120 fr.

Le droit proportionnel atteignant les imposés de toutes les classes.

ART. 4

ART. 5

TEXTE DE LA LOI

Néanmoins, lorsque le dénombrement fera passer une commune dans une catégorie supérieure à celle dont elle faisait précédemment partie, l'augmentation du droit fixe ne sera appliquée que pour moitié pendant les cinq premières années.

ART. 6

Dans les communes dont la population totale est de plus de 5,000 âmes, les patentables exerçant dans la banlieue des professions imposées eu égard à la population, payeront le droit fixe d'après le tarif applicable à la population non agglomérée.

Les patentables exerçant lesdites professions dans la partie agglomérée payeront le droit fixe d'après le tarif applicable à la population totale.

ART. 7

Le patentable qui, dans le même établissement, exerce plusieurs commerces, industries ou professions, ne peut être soumis qu'à un seul droit fixe. Ce droit est le plus élevé de ceux qu'il aurait à payer s'il était assujetti à autant de droits fixes qu'il exerce de professions.

Si les professions exercées dans le même établissement comportent pour le droit fixe, soit seulement des taxes variables à raison du nombre d'employés, d'ouvriers, de machines ou autres éléments d'imposition, soit à la fois des taxes de cette nature et des taxes déterminées, c'est-à-dire arrêtées à un chiffre invariable, le patentable sera assujetti aux taxes variables, d'après tous les éléments d'imposition afférents aux professions exercées, mais il ne payera que la plus élevée des taxes déterminées.

ART. 8

Le patentable ayant plusieurs établissements, boutiques ou magasins de même espèce ou d'espèces différentes est, quel que soit le tableau auquel il appartient comme patentable, passible d'un droit fixe, en raison du commerce, de l'industrie ou de la profession exercée dans chacun de ces établissements, boutiques ou magasins.

MODIFICATIONS

ART. 6

Dans toutes les communes les marchands en détail exerçant dans la banlieue des professions imposées eu égard à la population, payeront le droit fixe d'après le tarif applicable à la population non agglomérée.

Les patentables exerçant lesdites professions dans la partie agglomérée payeront le droit fixe d'après le tarif applicable à la population totale.

ART. 7

Le patentable qui, dans le même établissement, exerce plusieurs commerces, industries ou professions, ne peut être soumis qu'à un seul droit fixe. Ce droit est le plus élevé de ceux qu'il aurait à payer s'il était assujetti à autant de droits fixes qu'il exerce de professions.

Si les professions exercées dans le même établissement comportent pour le droit fixe, soit seulement des taxes variables à raison du nombre d'employés, d'ouvriers, de machines ou autres éléments d'imposition, soit à la fois des taxes de cette nature et des taxes déterminées, c'est-à-dire arrêtées à un chiffre invariable, le patentable sera assujetti aux taxes variables, d'après tous les éléments d'imposition afférents aux professions exercées, mais il ne payera que la plus élevée des taxes déterminées.

Seuls les patentables possédant des magasins contenant dans le même local, des rayons de diverses marchandises et occupant plus de 50 employés, feront exception à cette règle.

Ils supporteront la taxe du droit fixe cinq fois plus élevée que celle établie au tableau de sa classe pour le commerce le plus imposé.

Ils supporteront le droit proportionnel au cinquième; les centimes additionnels et l'imposition graduelle sur le nombre de leurs employés, conformément au tableau ci-annexé.

ART. 8

TEXTE DE LA LOI

Les droits fixes sont imposables dans les communes où sont situés les établissements, boutiques ou magasins qui y donnent lieu.

ART. 9

Le patentable qui exploite un établissement industriel et qui n'y effectue pas la vente de ses produits, est exempt du droit fixe pour le magasin séparé dans lequel sont vendus exclusivement en gros les seuls produits de sa fabrication.

Toutefois, si la vente a lieu dans plusieurs magasins, l'exemption du droit fixe, accordée par le paragraphe précédent, n'est applicable qu'à celui de ces magasins qui est le plus rapproché du centre de l'établissement de fabrication. Les autres sont imposés conformément aux dispositions de l'art. 8 de la présente loi.

ART. 10

Dans les établissements à raison desquels le droit fixe de patente est réglé d'après le nombre des ouvriers, les individus au-dessous de seize ans et au-dessus de soixante-cinq ne seront comptés dans les éléments de cotisation que pour la moitié de leur nombre.

ART. 11

Dans les usines fonctionnant exclusivement à l'aide de moteurs hydrauliques, le droit fixe est réduit de moitié pour ceux des éléments de cotisation qui, par manque ou crue d'eau, sont périodiquement forcés de chômer pendant une partie de l'année équivalente au moins à quatre mois.

ART. 12

Le droit proportionnel est établi sur la valeur locative tant de la maison d'habitation que des magasins, boutiques, usines, ateliers, hangars, remises, chantiers et autres locaux servant à l'exercice des professions imposables.

Il est dû, lors même que le logement et les locaux occupés sont concédés à titre gratuit.

La valeur locative est déterminée, soit au moyen de baux authentiques ou de déclarations de locations verbales dûment enregistrées, soit par comparaison avec d'autres locaux dont le loyer aura été régulièrement constaté ou sera notoirement connu, et, à défaut de ces bases, par voie d'appréciation.

Le droit proportionnel pour les usines et les établissements industriels est calculé sur la valeur locative de ces établissements, pris dans leur ensemble et munis de tous leurs moyens matériels de production.

MODIFICATIONS

ART. 9

ART. 10

ART. 11

ART. 12

Le droit proportionnel est établi sur la valeur locative tant de la maison d'habitation que des magasins, boutiques, usines, ateliers, hangars, remises, chantiers, *rues et places publiques, magasins loués pour une période provisoire,* et tous locaux servant à l'exercice de professions imposables.

Il est dû lors même que le logement et les locaux occupés sont concédés à titre gratuit.

La valeur locative est déterminée, soit au moyen de baux authentiques ou de déclarations de locations verbales dûment enregistrées, soit par comparaison avec d'autres locaux dont le loyer aura été régulièrement constaté ou sera notoirement connu, et, à défaut de ces bases, par voie d'appréciation.

Le droit proportionnel pour les usines et les établissements industriels est calculé sur la valeur locative de ces établissements, pris dans

TEXTE DE LA LOI

MODIFICATIONS

leur ensemble et munis de tous leurs moyens matériels de production.

ART. 13

Le taux du droit proportionnel est fixé conformément au tableau D annexé à la présente loi.

ART. 14

Le droit proportionnel est payé dans toutes les communes où sont situés les magasins, boutiques, usines, ateliers, hangars, remises, chantiers et autres locaux servant à l'exercice des professions imposables.

Si, indépendamment de la maison où il fait sa résidence habituelle et principale et qui, dans tous les cas, sauf l'exception ci-après, doit être soumise au droit proportionnel, le patentable possède, soit dans la même commune, soit dans des communes différentes, une ou plusieurs maisons d'habitation, il ne paye le droit proportionnel que pour celles de ces maisons qui servent à l'exercice de sa profession.

Si l'industrie pour laquelle il est assujetti à la patente ne constitue pas sa profession principale, et s'il ne l'exerce pas par lui-même, il ne paye le droit proportionnel que sur la maison d'habitation de l'agent préposé à l'exploitation.

ART. 15

Le patentable qui exerce dans un même local, ou dans des locaux non distincts, plusieurs industries ou professions passibles d'un droit proportionnel différent, paye ce droit d'après le taux applicable à la profession pour laquelle il est assujetti au droit fixe.

Dans le cas où les locaux sont distincts, il paye pour chaque local le droit proportionnel attribué à l'industrie ou à la profession qui y est spécialement exercée.

Dans tous les cas, le droit proportionnel est établi sur la maison d'habitation, d'après le taux applicable à celle des professions imposées au droit fixe qui comprend le taux le plus élevé.

ART. 16

Dans les communes dont la population est inférieure à 20,001 âmes, mais qui, en vertu d'un nouveau dénombrement, passent dans la caté-

ART. 13

ART. 14

Le droit proportionnel est payé dans toutes les communes où sont situés les magasins, boutiques, usines, ateliers, hangars, remises, chantiers et autres locaux servant à l'exercice des professions imposables.

Si, indépendamment de la maison où il fait sa résidence habituelle et principale et qui, dans tous les cas, sauf l'exception ci-après, doit être soumise au droit proportionnel, le patentable possède, soit dans la même commune, soit dans des communes différentes, une ou plusieurs maisons d'habitation, il ne paye le droit proportionnel que pour celles de ces maisons qui servent à l'exercice de sa profession.

Si l'industrie pour laquelle il est assujetti à la patente ne constitue pas sa profession principale, et s'il ne l'exerce pas par lui-même, il ne paye le droit proportionnel que sur la maison d'habitation de l'agent préposé à l'exploitation.

Si le commerce est exercé par le patentable d'une façon nomade, le droit proportionnel sera établi sur l'ensemble des locations de magasins ou places et rues publiques qu'il aura habités pour l'exercice de son commerce, et il sera acquis au profit de la commune où il aura sa résidence légale.

ART. 15

ART. 16

TEXTE DE LA LOI

gorie des communes de 20,001 âmes et au-dessus, les patentables des 7e et 8e classes ne seront soumis au droit proportionnel que dans le cas où un second décret de dénombrement aura maintenu lesdites communes dans la même catégorie.

ART. 17

Ne sont pas assujettis à la patente :

1° Les fonctionnaires et employés salariés, soit par l'État, soit par les administrations départementales et communales, en ce qui concerne seulement l'exercice de leurs fonctions;

2° Les peintres, sculpteurs, graveurs, dessinateurs, considérés comme artistes, et ne vendant que le produit de leur art;

Les professeurs de belles-lettres, sciences et arts d'agrément, les instituteurs primaires ;

Les sages-femmes ;

Les éditeurs de feuilles périodiques;

Les artistes dramatiques ;

3° Les laboureurs et cultivateurs, seulement pour la vente et la manipulation des récoltes et fruits provenant des terrains qui leur appartiennent ou par eux exploités et pour le bétail qu'ils y élèvent, qu'ils y entretiennent ou qu'ils y engraissent;

Les concessionnaires de mines, pour le seul fait de l'extraction et de la vente des matières par eux extraites, l'exemption ne pouvant en aucun cas être étendue à la transformation des matières extraites;

Les propriétaires ou fermiers de marais salants;

Les propriétaires ou locataires louant accidentellement une partie de leur habitation personnelle ;

Les pêcheurs, lors même que la barque qu'ils montent leur appartient;

4° Les associés en commandite, les caisses d'épargne et de prévoyance administrées gratuitement, les assurances mutuelles régulièrement autorisées ;

5° Les capitaines de navires de commerce ne naviguant pas pour leur compte ;

Les cantiniers attachés à l'armée;

Les écrivains publics ;

Les commis et toutes les personnes travaillant à gages, à façon et à la journée, dans les maisons, ateliers et boutiques des personnes de leur profession ;

Les ouvriers travaillant chez eux ou chez les particuliers, sans compagnons, ni apprentis, soit qu'ils travaillent à façon, soit qu'ils travaillent pour leur compte et avec des matières à eux appartenant, qu'ils aient ou non une enseigne ou une boutique ;

MODIFICATIONS

ART. 17

Ne sont pas assujettis à la patente :

1° Les fonctionnaires et employés salariés, soit par l'État, soit par les administrations départementales et communales, en ce qui concerne seulement l'exercice de leurs fonctions;

2° Les peintres, sculpteurs, graveurs, dessinateurs, considérés comme artistes, et ne vendant que le produit de leur art;

Les professeurs de belles-lettres, sciences et arts d'agrément, les instituteurs primaires ;

Les sages-femmes;

Les éditeurs de feuilles périodiques;

Les artistes dramatiques ;

3° Les laboureurs et cultivateurs, seulement pour la vente et la manipulation des récoltes et fruits provenant des terrains qui leur appartiennent ou par eux exploités et pour le bétail qu'ils y élèvent, qu'ils y entretiennent ou qu'ils y engraissent;

Les concessionnaires de mines, pour le seul fait de l'extraction et de la vente des matières par eux extraites, l'exemption ne pouvant en aucun cas être étendue à la transformation des matières extraites ;

Les propriétaires ou fermiers de marais salants;

Les propriétaires ou locataires louant accidentellement une partie de leur habitation personnelle;

Les pêcheurs, lors même que la barque qu'ils montent leur appartient;

4° Les associés en commandite, les caisses d'épargne et de prévoyance administrées gratuitement, les assurances mutuelles régulièrement autorisées ;

5° Les capitaines de navires de commerce ne naviguant pas pour leur compte ;

Les cantiniers, *tailleurs, cordonniers, maréchaux et toutes professions attachées à l'armée, pourvu que leurs fournitures ou l'exercice de leur profession soit exclusivement destinés à des personnes appartenant à l'armée;*

Les écrivains publics;

Les commis et toutes les personnes travaillant à gages, à façon et à la journée, dans les maisons, ateliers et boutiques des personnes de leur profession;

Les ouvriers travaillant chez eux ou chez les particuliers, sans compagnons ni apprentis, soit

TEXTE DE LA LOI

Les ouvriers travaillant en chambre avec un apprenti de moins de seize ans ;

La veuve qui continue, avec l'aide d'un seul ouvrier ou d'un seul apprenti, la profession précédemment exercée par son mari ;

Les personnes qui vendent en ambulance dans les rues, dans les lieux de passage et dans les marchés, soit des fleurs, de l'amidon, des balais, des statues et figures en plâtre, soit des fruits, des légumes, des poissons, du beurre, des œufs, du fromage et autres menus comestibles.

Les savetiers, les chiffonniers au crochet, les porteurs d'eau à la bretelle ou avec une voiture à bras, les remouleurs ambulants, les gardes-malades.

Ne sont point considérés comme compagnons ou apprentis, la femme travaillant avec son mari, ni les enfants non mariés travaillant avec leur père et mère, ni le simple manœuvre dont le concours est indispensable à l'exercice de la profession.

MODIFICATIONS

qu'ils travaillent à façon, soit qu'ils travaillent pour leur compte et avec des matières à eux appartenant, qu'ils aient ou non une enseigne ou une boutique ;

Les ouvriers travaillant en chambre avec un apprenti de moins de seize ans ;

La veuve qui continue, avec l'aide d'un seul ouvrier ou d'un seul apprenti, la profession précédemment exercée par son mari ;

Les personnes qui vendent en ambulance dans les rues, dans les lieux de passage et dans les marchés, soit des fleurs, de l'amidon, des balais, des statues et figures en plâtre, soit des fruits, des légumes, des poissons, du beurre, des œufs, du fromage et autres menus comestibles, *si toutefois elles peuvent porter leur marchandise à la main ou que la valeur totale n'excède pas dix francs.*

Les savetiers, les chiffonniers au crochet, les porteurs d'eau à la bretelle ou avec une voiture à bras, les remouleurs ambulants, les gardes-malades.

Ne sont point considérés comme compagnons ou apprentis, la femme travaillant avec son mari, ni les enfants non mariés travaillant avec leur père et mère, ni le simple manœuvre dont le concours est indispensable à l'exercice de la profession.

ART. 18

Tous ceux qui vendent en ambulance des objets non compris dans les exemptions déterminées par l'article précédent, et tous les marchands sous échoppe ou en étalage, sont passibles de la moitié des droits que payent les marchands qui vendent les mêmes objets en boutique. Toutefois, cette disposition n'est pas applicable aux bouchers, épiciers et autres marchands ayant un étal permanent ou occupant des places fixes dans les halles et marchés.

ART. 18

Tous ceux qui vendent en ambulance des objets non compris dans les exceptions déterminées par l'article précédent, et tous les marchands sous échoppe ou en étalage, sont passibles de la *totalité* des droits que payent les marchands qui vendent les mêmes objets en boutique.

ART. 19

Le mari et la femme séparés de biens ne doivent qu'une patente, à moins qu'ils n'aient des établissements distincts, auquel cas chacun d'eux doit avoir sa patente et payer séparément les droits fixe et proportionnel.

ART. 19

ART. 20

Les patentes sont personnelles et ne peuvent servir qu'à ceux à qui elles sont délivrées.

Dans les sociétés en nom collectif, l'associé principal paye seul la totalité du droit fixe afférent à la profession. Le même droit est divisé en autant de parts égales qu'il y a d'associés en nom collectif, et une de ces parts

ART. 20

Les patentes sont personnelles et ne peuvent servir qu'à ceux à qui elles sont délivrées.

Dans les sociétés en nom collectif, *il ne sera délivré qu'un avertissement ; l'associé principal, comme cela a lieu dans les sociétés anonymes, paye seul la totalité du droit fixe afférent à la profession.*

<table>
<tr><td>

TEXTE DE LA LOI

est imposée à chaque associé secondaire. Néan-
moins, pour les associés habituellement employés
comme simples ouvriers dans les travaux de
l'association, cette part ne doit jamais dépasser
le vingtième du droit fixe imposable au nom de
l'associé principal.

L'associé principal et les associés secondaires
sont imposés au droit fixe dans les communes
où sont situés les établissements, boutiques ou
magasins qui y donnent lieu.

Le droit proportionnel est établi sur la maison
d'habitation de l'associé principal et sur tous les
locaux qui servent à la société pour l'exercice
de son industrie.

La maison d'habitation de chacun des autres
associés est affranchie du droit proportionnel, à
moins qu'elle ne serve à l'exercice de l'indus-
trie sociale. En ce dernier cas, elle est, de même
que les autres locaux servant à l'industrie
sociale, imposable au nom de l'associé principal.

</td><td>

MODIFICATIONS

*Les associés figureront, pour l'imposition, au
même titre que les employés attachés à la
maison.*

L'associé principal et les associés secondaires
sont imposés au droit fixe dans les communes
où sont situés les établissements, boutiques ou
magasins qui y donnent lieu.

Le droit proportionnel est établi sur la maison
d'habitation de l'associé principal et sur tous les
locaux qui servent à la société pour l'exercice
de son industrie.

La maison d'habitation de chacun des autres
associés est affranchie du droit proportionnel.

</td></tr>
</table>

ART. 21

Par exception aux dispositions de l'article qui
précède, dans les sociétés en nom collectif qui
sont passibles des droits de patente pour l'exercice de professions rangées dans le tableau C,
annexé à la présente loi, et tarifées en raison du
nombre des ouvriers, machines, instruments,
moyens de production ou autres éléments variables d'imposition, l'associé principal paye
seul le droit fixe ; les autres associés en sont
affranchis.

Par exception aux mêmes dispositions, dans
les sociétés en nom collectif qui sont passibles
de droit de patente pour l'exercice de professions
rangées dans le tableau B, annexé à la présente
loi, le droit de patente des associés autres que
l'associé principal établi conformément à l'article 20 de la présente loi, ne porte pas sur les
employés et autres éléments variables d'imposition.

ART. 22

Les sociétés ou compagnies anonymes, ayant
pour but une entreprise industrielle ou commerciale, sont imposées pour chacun de leurs établissements à un seul droit fixe, sous la désigna-
tion de l'objet de l'entreprise, sans préjudice du
droit proportionnel.

La patente assignée à ces sociétés ou compagnies ne dispense aucun des sociétaires ou action-
naires du payement des droits de patente auxquels ils pourraient être personnellement assujettis pour l'exercice d'une industrie particu-
lière.

Les dispositions du deuxième paragraphe du

TEXTE DE LA LOI

présent article sont applicables aux gérants et associés solidaires des sociétés en commandite.

ART. 23

Tout individu transportant des marchandises de commune en commune, lors même qu'il vend pour le compte des marchands ou des fabricants, est tenu d'avoir une patente personnelle qui est, selon le cas, celle de colporteur avec balle, avec bête de somme ou avec voiture.

ART. 24

Les commis-voyageurs des nations étrangères seront traités, relativement à la patente, sur le même pied que les commis-voyageurs français chez ces mêmes nations.

ART. 25

Les contrôleurs des contributions directes procéderont annuellement au recensement des imposables et à la formation des matrices de patentes.

Le maire sera prévenu à l'époque du recensement et pourra assister le contrôleur dans cette opération ou se faire représenter, à cet effet, par un délégué.

En cas de dissentiment entre les contrôleurs et les maires ou leurs délégués, les observations contradictoires de ces derniers seront consignées dans une colonne spéciale.

La matrice dressée par le contrôleur sera déposée pendant dix jours au secrétariat de la mairie, afin que les intéressés puissent en prendre connaissance et remettre au maire leurs observations.

A l'expiration d'un second délai de dix jours, le maire, après avoir consigné ses observations sur la matrice, la transmettra au directeur des contributions directes qui établira les taxes, conformément à la loi, par les articles non contestés.

Toutes les fois que le directeur ne croira pas devoir donner suite aux observations consignées par le maire sur la matrice, il soumettra les contestations au préfet avec son avis motivé. Si le préfet d'adopte pas les propositions du directeur, il en sera référé au ministre des finances.

Le préfet arrête les rôles et les rend exécutoires.

A Paris, l'examen de la matrice des patentes aura lieu, pour chaque arrondissement municipal, par le maire, assisté soit de l'un des mem-

MODIFICATIONS

ART. 23

Tout individu transportant des marchandises de commune en commune, lors même qu'il vend pour le compte des marchands ou des fabricants;

Tout individu faisant une représentation commerciale ou industrielle même temporairement;

Tout individu, ouvrier ou ouvrière, dirigeant en son nom un atelier et vendant des marchandises sur échantillon, est tenu d'avoir une patente personnelle, *établie conformément à la classe du commerce qu'il exploite.*

ART. 24

ART. 25

bres de la commission des contributions, soit de l'un des agents attachés à cette commission, délégué à cet effet par le préfet.

Les matrices, revêtues des observations du maire de chaque arrondissement, seront centralisées à la commission des contributions, qui, après y avoir aussi consigné ses observations, les transmettra au directeur des contributions, comme il est dit au cinquième paragraphe.

ART. 26

Les patentés qui réclameront contre la fixation de leurs taxes seront admis à prouver la justice de leurs réclamations par la représentation d'actes de société légalement publiés, de journaux et livres de commerce régulièrement tenus et par tous autres documents.

ART. 27

Les réclamations en décharge ou réduction et les demandes en remise ou modération seront communiquées aux maires ; elles seront d'ailleurs présentées, instruites et jugées dans les formes et délais prescrits pour les autres contributions directes.

ART. 28

La contribution des patentes est due pour l'année entière par tous les individus exerçant, au mois de janvier, une profession imposable.

En cas de cession d'établissement, la patente sera, sur la demande du cédant ou du cessionnaire, transférée à ce dernier. La demande sera recevable dans le délai de trois mois, à partir soit de la cession de l'établissement, soit de la publication du rôle supplémentaire dans lequel le cessionnaire aura été personnellement imposé pour l'établissement cédé. La mutation de cote sera réglée par le préfet, et les droits qui formeraient double emploi au préjudice du cessionnaire seront alloués en décharge par le conseil de préfecture.

En cas de fermeture des magasins, boutiques et ateliers, par suite de décès ou de faillite déclarée, les droits ne seront dus que pour le passé et le mois courant. Sur la réclamation des parties intéressées il sera accordé décharge du surplus de la taxe.

Ceux qui entreprennent dans le cours de l'année une profession sujette à patente ne doivent la contribution qu'à partir du premier du mois dans lequel ils ont commencé d'exercer, à moins que, par sa nature, la profession ne puisse pas être exercée pendant toute l'année. Dans ce cas, la contribution sera due pour l'année entière,

ART. 26

ART. 27

ART. 28

La contribution des patentes est due pour l'année entière par tous les individus exerçant, au mois de janvier, une profession imposable.

En cas de cession d'établissement, la patente sera, sur la demande du cédant ou du cessionnaire, transférée à ce dernier. La demande sera recevable dans le délai de trois mois, à partir soit de la cession de l'établissement, soit de la publication du rôle supplémentaire dans lequel le cessionnaire aura été personnellement imposé pour l'établissement cédé. La mutation de cote sera réglée par le préfet, et les droits qui formeraient double emploi au préjudice du cessionnaire seront alloués en décharge par le conseil de préfecture.

En cas de fermeture des magasins, boutiques et ateliers, par suite de décès, de faillite déclarée *ou de liquidation judiciaire*, les droits ne seront dus que pour le passé et le mois courant. Sur la réclamation des parties intéressées, il sera accordé décharge du surplus de la taxe.

Ceux qui entreprennent dans le cours de l'année une profession sujette à patente ne doivent la contribution qu'à partir du premier du mois dans lequel ils ont commencé d'exercer, à moins que, par sa nature, la profession ne puisse pas être exercée pendant toute l'année. Dans ce cas, la contribution sera due pour l'année entière,

TEXTE DE LA LOI

quelle que soit l'époque à laquelle la profession aura été entreprise.

Les patentés qui, dans le cours de l'année, entreprennent une profession comportant un droit fixe plus élevé que celui qui était afférent à la profession qu'ils exerçaient d'abord, ou qui transportent leur établissement dans une commune d'une plus forte population, sont tenus de payer au prorata un supplément de droit fixe.

Il est également dû un supplément de droit proportionnel par les patentables qui prennent des maisons ou locaux d'une valeur locative supérieure à celle des maisons ou locaux pour lesquels ils ont été primitivement imposés, et par ceux qui entreprennent une profession passible d'un droit proportionnel plus élevé.

Les suppléments seront dus à compter du premier du mois dans lequel les changements prévus par les deux derniers paragraphes auront été opérés.

Sont imposables, au moyen de rôles supplémentaires, les individus omis aux rôles primitifs qui exerçaient avant le 1er janvier de l'année de l'émission de ces rôles, une profession, un commerce ou une industrie sujets à patente, ou qui, antérieurement à la même époque, avaient apporté, dans leur profession, commerce ou industrie, des changements donnant lieu à des augmentations de droit.

Toutefois, les droits ne sont dus qu'à partir du 1er janvier de l'année pour laquelle le rôle primitif a été émis.

MODIFICATIONS

quelle que soit l'époque à laquelle la profession aura été entreprise.

Les patentés qui, dans le cours de l'année, entreprennent une profession comportant un droit fixe plus élevé que celui qui était afférent à la profession qu'ils exerçaient d'abord, ou qui transportent leur établissement dans une commune d'une plus forte population, sont tenus de payer au prorata un supplément de droit fixe.

Il est également dû un supplément de droit proportionnel par les patentables qui prennent des maisons ou locaux d'une valeur locative supérieure à celle des maisons ou locaux pour lesquels ils ont été primitivement imposés, et par ceux qui entreprennent une profession passible d'un droit proportionnel plus élevé.

Ce supplément s'applique aux nomades qui auraient été imposés pour une valeur locative insuffisante, si toutefois ils font en temps utile, c'est-à-dire au plus tard au premier novembre de l'année courante, la déclaration de la valeur supérieure de leur location.

Les suppléments seront dus à compter du premier du mois dans lequel les changements prévus par les *trois* derniers paragraphes auront été opérés.

Sont imposables, au moyen de rôles supplémentaires, les individus omis aux rôles primitifs qui exerçaient, avant le 1er janvier de l'année de l'émission de ces rôles, une profession, un commerce ou une industrie sujets à patente, ou qui, antérieurement à la même époque, avaient apporté, dans leur profession, commerce ou industrie, des changements donnant lieu à des augmentations de droit.

Toutefois, les droits ne sont dus qu'à partir du 1er janvier de l'année pour laquelle le rôle primitif a été émis.

ART. 29

La contribution des patentes est payable par douzième, et le recouvrement en est poursuivi comme celui des contributions directes. Dans le cas où le rôle n'est publié que postérieurement au 1er mars, les douzièmes échus ne sont pas immédiatement exigibles; le recouvrement en est fait par portions égales, en même temps que celui des douzièmes non échus. Néanmoins, les marchands forains, les colporteurs, les directeurs de troupes ambulantes, les entrepreneurs d'amusements et jeux publics non sédentaires, et tous autres patentables dont la profession n'est pas exercée à demeure fixe, sont tenus d'acquitter le montant total de leur cote au moment où la patente leur est délivrée.

ART. 29

La contribution des patentes est payable par douzième, et le recouvrement en est poursuivi comme celui des contributions directes. Dans le cas où le rôle n'est publié que postérieurement au 1er mars, les douzièmes échus ne sont pas immédiatement exigibles; le recouvrement en est fait par portions égales, en même temps que celui des douzièmes non échus. Néanmoins, les marchands nomades, les colporteurs, les directeurs de troupes ambulantes, les entrepreneurs d'amusements et jeux publics non sédentaires, et tous autres patentables dont la profession n'est pas exercée à demeure fixe, sont tenus d'acquitter le montant total de leur cote au moment où la patente leur est délivrée, *s'ils n'ont pas un domicile légal. Dans le cas où ils possé-*

TEXTE DE LA LOI

MODIFICATIONS

deraient un domicile habituel imposable, la contribution serait exigible pour six mois payés à l'avance.

ART. 30

En cas de déménagement, hors du ressort de la perception, comme en cas de vente volontaire forcée, la contribution des patentes sera immédiatement exigible en totalité.

Les propriétaires, et à leur place les principaux locataires, qui n'auront pas, un mois avant le terme fixé par le bail ou par les conventions verbales, donné avis au percepteur du déménagement de leurs locataires, seront responsables des sommes dues par ceux-ci pour la contribution des patentes.

Dans le cas où ce terme serait devancé, comme dans le cas de déménagement furtif, les propriétaires et, à leur place, les principaux locataires, deviendront responsables de la contribution de leurs locataires, s'ils n'ont pas, dans les trois jours, donné avis du déménagement au percepteur.

La part de la contribution laissée à la charge des propriétaires ou principaux locataires par les paragraphes précédents, comprendra seulement le dernier douzième échu et le douzième courant dus par le patentable.

ART. 30

ART. 31

Les *formules* de patente sont expédiées par le directeur des Contributions directes. Elles sont affranchies du droit de timbre. En remplacement de ce droit, il est ajouté au principal de la contribution des patentes, des centimes généraux dont le nombre est annuellement fixé par la loi des finances.

Les *formules* de patente sont, à la diligence des patentés, visées par les maires et revêtues du sceau de la commune.

ART. 31

Les patentes sont expédiées par le directeur des Contributions directes. Elles sont affranchies du droit de timbre. En remplacement de ce droit, il est ajouté au principal de la contribution des patentes, des centimes généraux dont le nombre est annuellement fixé par la loi des finances.

Les patentes sont, à la diligence des patentés, visées par les maires et revêtues du sceau de la commune.

ART. 32

Tout patentable est tenu d'exhiber sa patente lorsqu'il en est requis par les maires, adjoints, juges de paix, et tous autres officiers ou agents de police judiciaire.

ART. 32

ART. 33

Les individus qui exercent, hors de la commune de leur domicile, une profession imposable, sont tenus de justifier à toute réquisition, de leur imposition à la patente, à peine de saisie ou de sequestre à leurs frais, des marchandises par eux mises en vente et des instruments servant à l'exercice de leur profession, à moins qu'ils ne

ART. 33

Les individus qui exercent, hors de la commune de leur domicile, une profession imposable, sont tenus de justifier à toute réquisition, de leur imposition à la patente, à peine de saisie ou de sequestre à leurs frais, des marchandises par eux mises en vente et des instruments servant à l'exercice de leur profession, à moins

TEXTE DE LA LOI

donnent caution suffisante jusqu'à la représentation de la patente ou la production de la preuve que la patente a été délivrée. Si les individus non munis de patente exercent dans la commune de leur domicile, il sera seulement dressé des procès-verbaux qui seront transmis immédiatement aux agents des contributions directes.

ART. 34

Les agents des contributions directes peuvent, sur la demande qui leur en est faite, délivrer des patentes avant l'émission du rôle, après toutefois que les requérants ont acquitté entre les mains du percepteur les douzièmes échus, s'il s'agit d'individus domiciliés dans le ressort de la perception, ou la totalité des droits, s'il s'agit des patentables désignés en l'article 29 ci-dessus, ou d'individus étrangers au ressort de la perception.

ART. 35

Le patenté qui aura égaré sa patente ou qui sera dans le cas d'en justifier hors de son domicile, pourra se faire délivrer un certificat par le directeur ou par le contrôleur des Contributions directes. Ce certificat fera mention des motifs qui obligent le patenté à le réclamer et devra être sur papier timbré.

ART. 36

Il est ajouté au principal de la contribution des patentes, ainsi qu'au montant des centimes additionnels départementaux et communaux ordinaires et extraordinaires afférents à cette contribution, cinq centimes par franc dont le produit est destiné à couvrir les décharges, réductions, remises et modérations, ainsi que les frais d'impression et d'expédition *des formules* de patentes.

En cas d'insuffisance des cinq centimes, le montant du déficit est prélevé sur le principal des rôles.

Il est, en outre, prélevé sur le principal, huit centimes par franc dont le produit est versé dans la caisse municipale,

ART. 37

Les compagnies de chemin de fer, les services de transports fluviaux, maritimes et terrestres, ainsi que les établissements d'entrepôts et de magasins généraux, sont tenus de laisser prendre connaissance des registres de réception et d'expédition des marchandises aux agents des contributions directes chargés de l'assiette des droits de patentes.

MODIFICATIONS

qu'ils ne donnent caution suffisante jusqu'à la représentation de la patente. *Si les individus non munis de patente exercent un commerce, ils seront poursuivis conformément à la loi. Amende de 100 à 1000 francs.*

ART. 34

Les agents des contributions directes peuvent, sur la demande qui leur en est faite, délivrer des patentes avant l'émission du rôle, *à tout marchand sédentaire ou nomade, mais, pour ce dernier, en se conformant aux prescriptions de l'article 29 ci-dessus.*

ART. 35

Le patenté qui aura égaré sa patente *sera tenu de s'en procurer une nouvelle en acquittant la taxe d'un droit fixe.*

Le certificat d'inscription est supprimé.

ART. 36

Il est ajouté au principal de la contribution des patentes, ainsi qu'au montant des centimes additionnels départementaux et communaux ordinaires et extraordinaires afférents à cette contribution, cinq centimes par franc dont le produit est destiné à couvrir les décharges, réductions, remises et modérations, ainsi que les frais d'impression et d'expédition de patentes.

En cas d'insuffisance des cinq centimes, le montant du déficit est prélevé sur le principal des rôles.

Il est, en outre, prélevé sur le principal, huit centimes par franc dont le produit est versé dans la caisse municipale.

ART. 37

TEXTE DE LA LOI	MODIFICATIONS

ART. 38

Les contributions spéciales destinées à subvenir aux dépenses des Bourses et Chambres de commerce, et dont la perception est autorisée par l'article 11 de la loi du 23 juillet 1820, seront réparties sur les patentables des trois premières classes du tableau A annexé à la présente loi, sur ceux désignés dans les tableaux B et C comme passibles d'un droit fixe, égal ou supérieur à celui desdites classes.

Les associés des établissements compris dans les classes et tableaux susdésignés contribueront aux frais des Bourses et Chambres de commerce sous réserve des dispositions des articles 20 et 21 de la présente loi.

ART. 38

Les contributions spéciales destinées à subvenir aux dépenses des Bourses et Chambres de commerce, et dont la perception est autorisée par l'article 11 de la loi du 23 juillet 1820, seront réparties sur les patentables des trois premières classes du tableau A annexé à la présente loi, sur ceux désignés dans les tableaux B et C comme passibles d'un droit fixe, égal ou supérieur à celui desdites classes.

ART. 39

La contribution des patentes sera établie conformément à la présente loi à partir du 1er janvier 1881.

ART. 40

Toutes les dispositions contraires à la présente loi seront et demeureront abrogées à partir de la même époque, sauf préjudice des lois et des règlements de police qui sont ou pourront être faits.

ART. 39

La contribution des patentes sera établie conformément à la présente loi à partir du 1er janvier 1890.

ART. 40